LA FRANCE

DANS SES LIMITES NATURELLES,

MALGRÉ L'OPPOSITION DE LA COALITION.

IMPRIMERIE DE FAIN, PLACE DE L'ODÉON.

LA FRANCE

DANS SES LIMITES NATURELLES,

MALGRÉ L'OPPOSITION DE LA COALITION;

PAR ÉDOUARD MARTIN,

Major d'infanterie, chargé de l'organisation des tirailleurs de la garde nationale du premier arrondissement de Paris.

A PARIS,

Chez MONGIE jeune, Libraire, Palais-Royal, galerie de bois, n°. 208.

1815.

LA FRANCE

DANS SES LIMITES NATURELLES,

MALGRÉ L'OPPOSITION DE LA COALITION.

N'ALLONS pas nous perdre dans les fastes de l'antiquité, pour nous pénétrer qu'un peuple est libre, indépendant, quand il veut l'être ; nous avons devant nous le souvenir de ces jours terribles et heureux tout à la fois, où la France attaquée de toutes parts se releva et brisa les liens dans lesquels elle gémissait !

Rome, dit-on, ne fut vraiment grande que quand elle eut beaucoup d'ennemis à combattre !

La France offre le même exemple : pour se convaincre de cette vérité, qu'on se souvienne de ces époques de notre révolution où la France eut à combattre contre elle-même !.... Le pavillon britannique flottait à

Toulon et à Dunkerque; les aigles germaniques planaient sur nos plus belles provinces du Nord; les Prussiens ravageaient les plaines de la Champagne, et les Pyrénées étaient forcées par les Espagnols; dans une telle situation, que fit la France? Elle surpassa Rome! Les rois et leurs trônes allaient s'écrouler, et la cause des peuples allait triompher, lorsque le Nil épouvanté transporta de ses bords sur ceux de la Seine, un héros qui arrêta la chute rapide de ces despotes qui s'arment maintenant contre nous! Que veulent-ils? La honte ou la mort!

Aujourd'hui des princes qui abusent du pouvoir que la faiblesse des peuples leur donne pour les opprimer; aujourd'hui, dis-je, ces princes nous menacent, et croient nous trouver encore dans le sommeil ou dans l'aveuglement sur nos véritables intérêts; eux que nous avons si souvent vaincus; eux qui seraient encore nos vassaux, sans un phénomène qui nous recula des bords du Borysthène sur ceux de la Seine!

La France a dormi; elle allait croupir sous le fanatisme, elle n'était plus qu'une colonie anglaise; tout la menaçait, lorsqu'elle connut ses besoins, et lorsqu'elle proclama les droits d'un prince de son choix. Ce prince, qui naguère avait été trompé sur ses véritables intérêts, les voit maintenant, et sait qu'il n'est de véritables souverains que ceux qui possèdent l'amour de leurs sujets.

La France n'eut jamais de plus grands intérêts à défendre que dans les circonstances actuelles : sa liberté, son honneur, son indépendance et sa gloire seront à jamais perdus, si la nation ne se lève en masse pour forcer au silence des princes qui ne cessent d'outrager l'humanité, et ne regardent les peuples que comme de vils troupeaux de bétail ! Quelle honte serait pour nous, si ces Tartares allaient devenir les arbitres de notre sort !..... Non, nous ne sommes point destinés à de telles ignominies ! Nous reprendrons bientôt cette attitude qui, seule, peut nous garantir et nous rendre cette prépondérance qui nous est aussi nécessaire qu'à l'Europe même !

La France, resserrée dans l'état où elle

est, finirait par être la proie de l'Angleterre et de la Prusse, si la nation ne se souvenait de ce qu'elle fit, lorsqu'elle a voulu être respectée par l'étranger.

On nous menace, on veut nous forcer à la guerre, et on croit que nous avons oublié le maniement de l'épée; on croit retrouver en France ces partis et ces factions sans lesquels les coalisés n'eussent point réussi. La Nation est maintenant éclairée sur ses droits et sur ses plus chers intérêts! J'en appelle à vous, braves habitans de la Bretagne, du Dauphiné, du Lyonnais, de la Bourgogne, de l'Ain; et vous, braves des faubourgs Saint-Marceau, Saint-Antoine, etc.; vous voulez vous venger de l'affront que vous avez éprouvé, et que vous n'aviez pas mérité!!!... Votre fédération est parvenue à la connaissance de l'étranger; il tremble, il vous redoute et vous admire! Continuez, et la patrie est sauvée! Le temps où nous nous faisions mutiler pour la cause des rois et leurs courtisans est passé, c'est maintenant la nôtre! Le bâton de maréchal et toutes les récompenses civiles et militaires ne sont

plus réservées à une seule classe privilégiée
Il ne suffit que de bien servir sa patrie pour
prétendre à la satisfaction nationale.

A s'en rapporter au dire des visionnaires,
les alliés font marcher des millions d'hommes pour nous enchaîner. L'Angleterre, la
Russie, et généralement toute l'Allemagne,
viendraient se dépeupler en France, ce,
pour le bon plaisir de défendre une cause
qui leur est étrangère. On conçoit le ridicule
de ces radoteurs, de ces gens qui jouissent
en idée de voir de nouveau les Cosaques
saccager leur pays et égorger leurs conci-
toyens. Sans doute, la France serait ainsi
exposée, si elle n'avait la ferme volonté de
tout sacrifier pour son indépendance et sa
liberté!

Qu'y a-t-il donc à craindre pour la France?
Si les puissances alliées lui opposent un mil-
lion d'hommes, il ne lui en faut que six cent
mille pour exterminer ces hordes barbares!
Comment la France aurait-elle à craindre
le joug de l'étranger, lorsqu'avec une poi-
gnée de braves Napoléon les a toujours bat-
tus, et que pour le vaincre en 1814, ces princes

qui se disent magnanimes, ont eu recours à la trahison et à la séduction ? Que peut-elle craindre maintenant que tous ses moyens sont centralisés, et qu'elle s'est régénérée? L'armée se peuple tous les jours ; elle sait le sort qu'on lui prépare, si les ennemis de tous nos droits et de notre liberté peuvent parvenir au but de leurs criminels desseins. La Nation, dit-on, a abandonné le parti de Louis XVIII, et l'armée l'a trahi. Quel avenir nous présentait son règne ? Abandonne-t-on, trahit-on le parti de ceux qu'on aime et qu'on estime? Qu'étions-nous pendant ces beaux jours de la restauration ? Qui ignore qu'un agent diplomate d'une puissance étrangère nous mésestimait au point de dater ses lettres de son quartier-général de Paris............ Pour être en paix, il aurait donc fallu consentir à vivre constamment dans l'humiliation.

Après la bataille de Wagram, si l'Autriche eût désespéré, aurait-elle maintenant la plus grande partie de l'Italie ? Après l'entrevue des deux Empereurs à Erfurt, si l'Angleterre et la Prusse eussent désespéré, la première possèderait-elle deux royaumes sur le continent, et la dernière aurait-elle ses frontières à soixante-dix lieues de notre capitale?....

Après l'occupation de Moscou par nos troupes, si la Russie eût désespéré, son empereur aurait-il été encensé par le sénat de France? Aurait-on vu, en spectacle, sur la place de la Concorde, un *Te Deum* grec?

Qu'y a-t-il donc à désespérer pour nous? Parce qu'on a été malheureux une fois, est-ce une raison pour l'être toujours? Il n'y a, au contraire, qu'à espérer!

Si des princes étrangers nous forcent à tirer l'épée, nous ferons tomber sur eux la foudre qu'ils préparent, et nous rendrons à la liberté les peuples qu'ils oppriment!

La guerre peut recommencer, la France peut encore éprouver des revers, mais elle ne sera pas pour cela vaincue; telle que le lion blessé qui mugit, frissonne et dévore tout ce qui se présente à lui : voilà ce que serait la France si ces Baskirs osaient l'attaquer! Eh! une seule bataille perdue par les alliés, la division se met parmi eux, le Rhin se déborde et les engloutit; Anvers nous ouvre ses portes, et les couleurs nationales réfléchissent sur l'Escaut!

Dès lors la paix générale est assurée, et avec elle la liberté des mers et l'égalité du commerce pour l'Europe; ou l'Angleterre sera chassée pour toujours du continent, du Canada, du Mexique et de l'Inde.

Qu'avons-nous donc à craindre des autres, si nous voulons être vraiment libres et maîtres chez nous?

La situation financière de l'Angleterre lui permet-elle de continuer à ensanglanter l'Europe?

L'Autriche peut-elle voir avec indifférence la Prusse s'agrandir et la menacer constamment? Et la Prusse elle-même peut-elle, raisonnablement parlant, rester sans inquiétude sur l'accroissement prodigieux de la Russie? Quel intérêt lie donc ces différens princes? Comme leurs vassaux, ils sont eux-mêmes les esclaves de l'or de l'Angleterre! N'est-il pas honteux pour l'Europe d'être le jouet de ces insulaires

C'est à nous, Français, qu'il appartient de prouver au reste de l'Europe qu'il n'est de rois légitimes que ceux avoués par les peuples.

Jamais notre position ne fut plus honorable ; l'univers a les yeux sur nous ; nous allons l'étonner. Notre gouvernement est de notre âge ; son intérêt est dans le nôtre ; nous voulons ce que nous devons vouloir : la liberté, l'indépendance, et Napoléon pour notre souverain ! Qui donc oserait élever des doutes sur d'aussi justes prétentions ? Seraient-ce nos libérateurs ? ou seraient-ce ces esclaves titrés, pour qui la patrie et l'honneur furent toujours une chimère ? Nous ne verrons plus occuper le fauteuil par ces têtes qui se tenaient toujours courbées devant un portefeuille, et qui, à la fin de chaque mois, se levaient pour saluer un trésorier, et recevoir le salaire de leurs platitudes !.... Nous aurons de ces hommes pour qui la patrie est tout, et qui, à l'exemple de Cincinnatus, ne dédaigneront point la pauvreté, et ne compromettront plus les intérêts de leur patrie et leur honneur pour de vains titres ! Voilà les hommes par qui, maintenant, la France sera représentée.

Plus de doute sur notre bonheur futur! Une constitution qui tempère les divers pouvoirs, qui nous garantit nos droits et nous met à même de garantir ceux du prince que nous nous sommes choisis; la faculté de nous communiquer nos idées et de porter à la connaissance du souverain la vérité qu'on lui a toujours dérobée. De l'harmonie dans nos opérations, de la confiance en nous-mêmes, et nous redeviendrons encore ces Français que l'Europe saluait du titre de Grand Peuple!

Tout renaît maintenant en France; l'opinion s'établit et l'esprit national se fortifie: le charlatanisme des coalisés ne surprendra plus personne, et partout on se dispose pour exterminer l'étranger et le despotisme, si l'un ou l'autre ose lever la tête.

Nous ferons repentir les étrangers qui méditent de nous asservir, et qui nous accusent sans cesse de manquer d'esprit national, et de n'avoir que l'esprit des bons mots, des épigrammes et des caricatures: ils apprendront bientôt à nous contempler ou à nous redouter de nouveau !

Puisqu'il le faut, courons aux armes ; et ne les déposons que lorque l'Europe sera vengée des outrages de l'imposture, du fanatisme et de la tyrannie !

Bientôt, à notre exemple, les peuples civilisés proclameront leurs droits et la légitimité des princes de leur choix !

Alors il ne sera plus dans le pouvoir d'un seul homme de disposer à son gré des millions de ses semblables pour les faire égorger, et l'humanité n'aura plus à gémir !

Paris le 24 mai 1815.